AF427170

L'Islam Entre Universalisme et Sectarisme!

Auteur: S. Norman Gee

Contents

Énoncé de Notion !

L'Islam, tel qu'établi par le Prophète Muhammad, repose sur trois principes fondamentaux : l'unicité de Dieu, la prophétie de Muhammad et de tous les prophètes précédents, et l'Imamat, divinement attribué à l'Imam Ali, tel que proclamé à Ghadir Khumm. De plus, Allah a exclusivement doté les purifiés célestes de la connaissance du Coran, comme affirmé dans Ayat al-Tathir (Coran 33:33) : "En vérité, Allah désire éloigner de vous les impuretés, ô gens de la Maison, et vous purifier pleinement." Cette purification les désigne comme particulièrement aptes à guider les croyants et à interpréter le message divin. Les ordres et enseignements de ces figures divinement purifiées ont une portée universelle et suscitent l'adhésion. Cependant, la direction de Saqifah, initiée par la déclaration d'Umar : "Le Livre d'Allah nous suffit," n'a pas seulement rejeté cette désignation divine mais a également sapé toute la prophétie. La Sourate Al-Hujurat condamne en outre Abu Bakr et Umar, en affirmant qu'"ils ne comprennent pas," mettant en évidence un rejet divin de leur autorité. Leurs actions, telles que brûler la Sunnah du Prophète, interdire sa discussion et emprisonner les narrateurs, illustrent cette opposition. De plus, ils ont principalement nommé des non-Arabes qui leur étaient fidèles pour interpréter le Coran, éloignant ainsi la foi de ses racines prophétiques et favorisant des interprétations divergentes qui ont fragmenté l'Islam. Cette thèse explore comment ces actions sectaires ont divergé de la vision universelle du Prophète, redéfinissant l'autorité, la tradition et l'interprétation islamiques.

Raisons Soutenant l'Exclusivité et la Pureté Inhérente d'Ahl al-Bayt dans Ayat al-Tathir (Coran 33:33), le Verset de la Purification (Ayat al-Tathir)

"إِنَّمَا يُرِيدُ اللَّهُ لِيُذْهِبَ عَنكُمُ الرِّجْسَ أَهْلَ الْبَيْتِ وَيُطَهِّرَكُمْ تَطْهِيرًا!"

"En vérité, Allah désire éloigner de vous les impuretés, ô gens de la Maison, et vous purifier pleinement."

Positionnement d'Ayat al-Tathir :

- *Phrase pertinente :* "إِنَّمَا يُرِيدُ اللَّهُ" *(En vérité, Allah désire).*

Interprétation Linguistique :

- " إِنَّمَا " (innama) indique l'exclusivité, soulignant que le désir d'Allah est uniquement orienté vers la purification d'Ahl al-Bayt, sans l'étendre à d'autres.
- (yurīdu) يُرِيدُ au présent suggère une intention divine continue et permanente.
- **Explication** : Placée comme une interjection dans les versets adressés aux épouses du Prophète, cette phrase recentre entièrement l'attention sur Ahl al-Bayt, indiquant leur statut unique et favorisé par la volonté divine.

Statut Familial Conditionnel des Épouses

- o *Phrase pertinente :* "عَنكُمُ الرِّجسَ أَهْلَ الْبَيْتِ" *(pour éloigner de vous l'impureté, ô gens de la Maison).*

  Interprétation Linguistique :

  - (عَنكُم) *signifie "de vous," indiquant une distance spatiale ou métaphorique entre Ahl al-Bayt et toute impureté.*
  - (الرِّجسَ) *al-rijs se réfère spécifiquement à l'impureté, dans un sens moral, spirituel ou physique, soulignant le caractère absolu de la pureté voulue.*
  - o **Explication** : *Cette phrase est exclusivement adressée à Ahl al-Bayt. Le caractère conditionnel du statut familial des épouses, qui prend fin en cas de divorce ou de décès, contraste avec l'association perpétuelle et divinement désignée d'Ahl al-Bayt.*

Portée Restreinte du Terme "Famille" dans Ayat al-Tathir :

Phrase pertinente : "أَهْلَ الْبَيْتِ" (Gens de la Maison).

- o *Interprétation Linguistique :*
  - *Ahl (أَهْلَ) implique une parenté intime ou proche, mais dépend du contexte.*
  - *Al-bayt (الْبَيْتِ, "la maison") est fortement associé à la famille immédiate du Prophète, se référant*

spécifiquement à ceux qui lui sont les plus proches par le sang et par la mission divine.

- **Explication** : Le terme "Ahl al-Bayt" dans ce contexte est restreint aux membres de la famille immédiate du Prophète, sans inclure les parents éloignés. Cette exclusivité est soutenue par le Hadith al-Kisa' et l'utilisation de innama dans le verset.

Volonté Divine Continue de Purification :

- Phrase pertinente : "يُرِيدُ اللَّهُ" (Allah désire).

- **Interprétation Linguistique :**

- Yurīdu (يُرِيدُ) est au présent, indiquant que la volonté d'Allah pour la purification n'est pas une action unique, mais une intention soutenue et continue.

- **Explication** : La volonté d'Allah pour la purification d'Ahl al-Bayt est ininterrompue, suggérant une protection divine permanente qui établit leur pureté durable et leur rôle en tant que guides pour la communauté musulmane.

Immunité Divine contre l'Impureté (رجس) dès la Création

Phrase pertinente : "لِيُذْهِبَ عَنكُمُ الرِّجْسَ" (pour éloigner de vous l'impureté).

Interprétation Linguistique :

- **Li-yudhhiba** (لِيُذْهِبَ) *implique un acte de maintien ou de prévention plutôt que de retrait, ce qui suggère que l'impureté n'a jamais été présente.*
- **Al-rijs** (الرِّجْسَ) *désigne une impureté de la plus grande gravité, couvrant la souillure spirituelle, morale et physique.*
- **Explication :** *Cette construction implique qu'Ahl al-Bayt ont été créés dans un état de pureté où l'impureté ne pouvait les atteindre dès le départ. L'ordre des mots souligne qu'ils sont immunisés contre l'impureté, plutôt que d'avoir besoin d'en être purifiés.*

Protection contre la Calomnie et l'Hypocrisie :

- *Phrase pertinente :* "لِيُذْهِبَ عَنكُمُ الرِّجْسَ" *(pour éloigner de vous l'impureté).*

- *Interprétation Linguistique :*

  - *Cette phrase peut être interprétée comme une déclaration aux croyants, les exhortant à* ignorer toute affirmation négative concernant Ahl al-Bayt, conformément aux directives coraniques de la Sourate Al-Hujurat qui découragent d'accepter la calomnie ou les accusations sans preuve.

- o **Explication** : *Les croyants sont instruits de considérer toute accusation contre Ahl al-Bayt comme hypocrite, car leur pureté divine les rend intrinsèquement dignes de confiance et droits, les exemptant des défauts qui pourraient être attribués à d'autres.*

Conflit Théologique Durable :

Phrase pertinente : "يُطَهِّرَكُمْ تَطْهِيرًا" (et vous purifier pleinement).

- o *Interprétation Linguistique :*

- • يُطَهِّرَكُمْ *(yutahirakum) au présent suggère un processus de purification continu et renforcé.*

- • تَطْهِيرًا *(tathīran, un nom verbal) souligne la complétude et la profondeur, renforçant le caractère inaltérable et exhaustif de la pureté d'Ahl al-Bayt.*

- o **Explication** : *Cette purification approfondie et soutenue distingue Ahl al-Bayt comme spirituellement intouchables. Elle crée une division fondamentale entre le leadership divinement légitimé, représenté par Ahl al-Bayt, et les luttes de pouvoir* politique, conduisant à des conflits historiques et théologiques au sein du monde musulman.

Déclaration Conclusive sur l'Universalité d'Ayat al-Tathir :

Ayat al-Tathir se dresse comme un témoignage profond de l'essence universelle de l'Islam, représentée par les Ahl al-Bayt divinement purifiés, qui incarnent la réalité pure et inaltérable de la guidance divine. Dans un monde marqué par les divisions et les interprétations concurrentes, ce verset symbolise la vérité unique de l'Islam — une vérité aussi indivisible qu'Allah Lui-même. À travers Ahl al-Bayt, Ayat al-Tathir lance un appel aux croyants du monde entier à rechercher la paix, l'unité et le savoir authentique, sans souillure des impuretés mondaines ou du factionnalisme. Il sert de lumière directrice, affirmant l'unicité de la réalité divine, liée à la pureté et à la continuité du message le plus authentique de l'Islam.

Responsabilité et Message des Versets 1 à 4 d'Ayat al-Hujurat :

Respect de : *l'Autorité Divine dans le Contexte de l'Universalisme et du Sectarisme*

1.   Avertissement contre le fait d'agir avant Allah et Son Messager

o **Verset 1 :** « Ô vous qui avez cru, ne devancez pas Allah et Son Messager, et craignez Allah. En vérité, Allah est Audient et Omniscient. »

o **Message central :** Ce verset souligne le principe fondamental de la déférence à l'autorité divine, un élément central de la mission universelle de l'Islam. Les croyants sont appelés à l'unité sous la guidance d'Allah ; toute tentative d'affirmer une autorité ou un jugement personnel de manière indépendante perturbe cet ordre divin et favorise la division, menant potentiellement au sectarisme.

o **Responsabilité :** En établissant la guidance d'Allah comme absolue, ce verset rappelle que la soumission universelle à la volonté divine prévient les divisions causées par l'ego, qui mènent à la fragmentation sectaire. Il exhorte les croyants à privilégier l'unité et la responsabilité collective.

2. Avertissement contre le fait d'élever la voix au-dessus de celle du Prophète

- **Verset 2 :** « Ô vous qui avez cru, n'élevez pas vos voix au-dessus de celle du Prophète et ne lui parlez pas bruyamment comme vous le faites entre vous, de peur que vos actions ne deviennent vaines sans que vous en soyez conscients. »

- **Message central :** Ce verset souligne le respect universel dû à l'autorité du Prophète. Élever sa voix au-dessus de celle du Prophète symbolise une tentative d'affirmer sa propre importance, une transgression qui introduit la division et reflète une rupture avec les valeurs universelles de l'Islam, centrées sur l'unité et l'humilité.

- **Responsabilité et Caractère Unique de l'Incident :** Ici, on observe un passage aux actions passées avec « ceux qui élèvent leurs voix », suggérant que cet incident fut unique et irrépétible en raison de l'absence du Prophète et de ces acteurs spécifiques. Ce jugement est donc singulier, comme celui d'Abu Lahab, avec une malédiction qui demeure tant que le Coran vit dans le cœur des croyants. Un tel jugement rappelle que le sectarisme émerge souvent de l'affirmation de soi, remettant en cause la voix du Prophète, qui sert de guide unificateur dans l'Islam.

3. Louange à Ceux qui Baissent Leur Voix en Révérence

- **Verset 3 :** « En vérité, ceux qui baissent leur voix devant le Messager d'Allah — ce sont ceux dont Allah a éprouvé les cœurs pour la droiture ; pour eux, il y a pardon et une grande récompense. »

- **Message central :** Ce verset établit la valeur universelle de l'humilité, avec Allah déclarant que ceux qui baissent leur voix ont été testés et jugés vertueux. Le temps présent dans « ceux qui baissent » indique une qualité durable pour ceux qui incarnent l'humilité, *les alignant avec l'essence universelle de l'Islam, en contraste avec les attitudes sectaires nées de l'arrogance.*

- **Responsabilité :** *Ceux qui respectent la voix du Prophète montrent leur dévotion aux principes universels de l'Islam, méritant le pardon et la récompense divine. Ce jugement, contrairement à d'autres, est unique en ce qu'il valorise ceux qui chérissent l'unité et l'harmonie au cœur de l'Islam.*

4. Réprimande de l'Impatience et du Manque de Compréhension

- **Verset 4 :** *« En vérité, ceux qui t'appellent de derrière les chambres – la plupart d'entre eux ne raisonnent pas. »*

- **Message central :** *Ce verset réprimande ceux qui ont interpellé le Prophète avec impatience, révélant un manque de compréhension de son statut et du principe universel de respect dans l'approche. La critique souligne que le mépris pour le décorum prophétique témoigne d'un manque de perspicacité concernant l'unité et le respect exigés par l'Islam, et elle remet en question les tendances égocentriques pouvant mener au sectarisme.*

- **Responsabilité :** *Le jugement d'Allah selon lequel « ils ne raisonnent pas » suggère que les attitudes sectaires sont souvent enracinées dans l'impatience, l'intérêt personnel et une incapacité à comprendre l'appel* *universel de l'Islam à l'unité et au respect de l'autorité prophétique.*

Structured List of Hadiths and Tafsir References on Raising Voices Over the Prophet.

1. Hadiths Explicitly Naming Both Abu Bakr and Umar

- ### *Sahih al-Bukhari*
- ***Volume 6, Book of Tafsir, Hadith 4845:*** *This hadith recounts both Abu Bakr and Umar raising their voices in the presence of the Prophet, leading to the revelation of Ayat al-Hujurat as a divine command to show reverence.*

- ### *Musnad Ahmad ibn Hanbal*
  - ***Volume 3, Hadith 157:*** *This narration describes a disagreement between Abu Bakr and Umar in the Prophet's presence, where their voices were raised, prompting Allah's directive for humility.*

- ### *Tafsir al-Tabari*
  - ***Jami' al-Bayan fi Ta'wil al-Quran (Volume 22, Page 178-180):*** *In his commentary on Ayat al-Hujurat, Tabari names both Abu Bakr and Umar explicitly, noting that the revelation was a reprimand directed at their conduct in the Prophet's presence.*

2. Hadiths Naming Only One of the Two:

- ***Sahih Muslim***
  - ***Book 44, Hadith 4227:*** *This narration focuses on Umar raising his voice, mentioning him specifically while other companions remain unnamed, marking a partial but significant account of the event.*

- ***Tafsir Ibn Kathir***
  - ***Tafsir of Surah Al-Hujurat (Volume 7, Pages 366-368):*** *Ibn Kathir references Umar in his interpretation of Ayat al-Hujurat, discussing the severity of raising one's voice over the Prophet and emphasizing the respect required.*

3. Hadiths Gardant les Coupables Anonymes :

- ***Sunan Abu Dawood***
  - ***Volume 5, Livre des Manières, Hadith 4855 :*** *Ce hadith généralise l'action, mentionnant "certains compagnons" sans spécifier de noms, ce qui dilue la responsabilité individuelle.*

- ***Sunan an-Nasa'i***
  - ***Volume 6, Livre de l'Étiquette, Hadith 9135 :*** *Fait référence à "ceux qui étaient avec le Prophète" parlant bruyamment,*

présenté comme un problème collectif plutôt qu'une faute spécifique de figures importantes.

- **Tafsir al-Qurtubi**
  - ***Al-Jami' li Ahkam al-Quran (Volume 16, Pages 309-310) :*** *Qurtubi utilise des termes généraux comme "certaines personnes" pour décrire ceux qui ont élevé leur voix, réduisant ainsi l'accent mis sur des individus spécifiques et généralisant l'incident.*

Contexte Historique de la Compilation et de la Documentation des Hadiths

Ces narrations ont été enregistrées environ 200 ans après la mort du Prophète, suite à la destruction des documents originaux de la Sunnah. Ce délai et la dépendance à la transmission orale ont entraîné des variations entre les sources, dont certaines obscurcissent ou généralisent les détails, tels que les identités des figures importantes impliquées. Ce changement narratif suggère que les compilations ultérieures ont peut-être tenté de minimiser l'impact de l'incident en le présentant comme une simple défaillance de comportement générale plutôt qu'une transgression significative de la part de certains individus spécifiques.

Conclusion sur les Versets 1 à 4 d'Ayat al-Hujurat : Un Appel au Respect Universel de l'Autorité Divine

Les versets d'ouverture de la Sourate Al-Hujurat livrent un jugement puissant et unique concernant le respect et la révérence envers le Prophète. Ils établissent les limites de la foi véritable, où l'universalisme se définit par une adhésion inébranlable à la guidance prophétique. La condamnation spécifique de ceux qui ont élevé leurs voix au-dessus de celle du Prophète reste un rappel éternel des conséquences de toute transgression de l'autorité divine. Cet incident unique—irrépétible dans l'histoire—demeure un avertissement contre les tendances sectaires enracinées dans l'affirmation de soi et le manque de respect pour la sainteté prophétique.

À travers ce passage, le Coran trace un principe universel : seuls ceux qui incarnent l'humilité et la retenue en présence du Messager d'Allah s'alignent avec le véritable message de l'Islam. En revanche, ceux poussés par l'intérêt personnel ou l'arrogance s'égarent vers le sectarisme, fragmentant l'unité essentielle de la foi. En intégrant ce jugement dans le Coran, Allah renforce la nécessité intemporelle de la révérence envers l'autorité prophétique, préservant ainsi une leçon qui résonne à travers les générations.

1. L'Incident de Ghadir Khumm :
Établissement du Leadership et de l'Autorité !

1. Contexte et Emplacement Stratégique de Ghadir Khumm

- **Date et Lieu :** *L'événement de Ghadir Khumm a eu lieu le 18 Dhu al-Hijjah, dans la 10e année de l'Hégire, après le dernier pèlerinage du Prophète. Ghadir Khumm est un point d'eau dans le désert, traditionnellement un lieu de rassemblement où les voyageurs se retrouvaient avant de prendre leurs routes respectives vers différentes régions.*

- **Emplacement Stratégique :** *Ghadir Khumm, situé dans le désert, était un point de rencontre habituel où les voyageurs se regroupaient avant de se séparer. En choisissant cet endroit, le Prophète a permis qu'un maximum de personnes soient témoins de cette déclaration.*

- **Importance du Lieu :** *Nécessité Divine de la Désignation pour l'Achèvement de la Religion. Ce rassemblement à un carrefour majeur souligne le choix délibéré d'annoncer la désignation de l'Imam Ali comme successeur devant la plus large audience possible. Cette désignation publique visait à affirmer une ligne de leadership divinement sanctionnée, essentielle aux principes universels de l'Islam.*

Sagesse Divine et Continuité : *De nombreux récits indiquent que le Prophète (que la paix soit sur lui et sa famille) avait reçu l'ordre d'Allah de proclamer publiquement l'Imamat de l'Amir al-Mu'minin (que la paix soit sur lui). Cependant, il hésita, conscient que certains pourraient percevoir cet acte comme simplement son opinion personnelle, risquant ainsi le rejet de cette désignation divine. Pour accomplir ce commandement divin, il attendit une occasion propice où les conditions soutiendraient cette proclamation. Le commandement attendu fut confirmé avec la révélation du verset dans la Sourate Al-Ma'idah :*

« Ô Messager, transmet ce qui t'a été révélé de la part de ton Seigneur ; et si tu ne le fais pas, alors tu n'auras pas transmis Son message. Et Allah te protègera des gens. » (Al-Ma'idah : 67)

Perfection de l'Islam par Désignation Divine : *L'achèvement du message islamique nécessitait la nomination d'un leader juste et divinement désigné après le Prophète. Cela était essentiel pour préserver la mission universelle et éternelle de l'Islam, avec tous les aspects du rôle du Prophète—à l'exception de la prophétie—transférés à son successeur. Le verset de la Sourate Al-Ma'idah, « Aujourd'hui, J'ai parachevé pour vous votre religion et accompli sur vous Mon bienfait ; et J'agrée l'Islam comme religion pour vous » (Al-Ma'idah : 3), fut révélé après cette proclamation, signifiant la perfection et l'achèvement divin de l'Islam par la nomination de l'Imam Ali.*

Commentaire des Savants Sunnites et Chiites : *Les commentateurs des traditions sunnite et chiite ont documenté cet événement, notant qu'il a eu lieu lors du Pèlerinage d'Adieu du Prophète, quelques mois avant son décès. Le verset souligne qu'avec la désignation du successeur du Prophète, le bienfait d'Allah s'est pleinement réalisé, et les mécréants ont désespéré de pouvoir saper l'Islam.*

3. La Déclaration du Prophète

Narrations Clés !

- **Déclaration Principale :** *Lors de son discours, le Prophète prit la main de l'Imam Ali devant l'assemblée et proclama : « Pour quiconque je suis son Mawla, Ali est son Mawla. » Il suivit cette déclaration d'un appel à l'assemblée pour qu'elle témoigne et atteste de ce message. Ce fut une désignation divine, destinée à garantir la continuité de l'Islam, avec l'Imam Ali investi en tant que successeur immédiat du Prophète.*

- **Témoignage des Compagnons Prominents** *: Parmi les compagnons présents, des figures notables confirmèrent l'allégeance à l'Imam Ali, notamment Abu Bakr et Umar, ce dernier le félicitant en déclarant : « Félicitations, félicitations à toi, ô Ali ! Tu es devenu mon maître et le maître de tout homme et de toute femme croyante. »*

4. Preuves Coraniques et Narratives pour les Successeurs Après l'Imam Ali

Confirmation de la Succession de Leadership : *Dans une narration par le célèbre savant sunnite Al-Hamawini, il est rapporté qu'Abu Bakr et Umar ont ensuite demandé au Prophète la signification spécifique du verset pour l'Imam Ali. Le Prophète a confirmé : « Oui, cela est pour lui et pour mes successeurs jusqu'au Jour du Jugement. » Il a ensuite précisé en disant :*

« Ali est mon frère, mon ministre, mon héritier, mon exécuteur testamentaire, mon successeur parmi mon peuple, et le gardien de chaque croyant après moi, suivi de mon fils Hasan, puis de mon fils Husayn, puis de neuf descendants de Husayn, les uns après les autres. Le Coran est avec eux, et ils sont avec le Coran ; il ne se séparera jamais d'eux, ni eux de lui, jusqu'à ce qu'ils me rejoignent au bassin [céleste]. »

5. Implications Théologiques et le Thème de l'Universalisme vs. le Sectarisme

Mandat Universel : *L'événement de Ghadir Khumm représente un mandat universel clair, établissant un leadership divinement désigné en accord avec le message d'unité et de guidance de l'Islam. L'annonce du Prophète n'était pas simplement une* *question de loyauté familiale, mais une transition d'autorité commandée par Dieu, offrant à la Ummah une ligne de guidance directe.*

Divergence Sectaire : *La déviation ultérieure de cette désignation divine a posé les bases des divisions sectaires au sein de l'Islam, alors que des factions se sont formées autour d'interprétations et de revendications de leadership divergentes. Ainsi, le mandat universel a progressivement été remplacé par des modèles alternatifs, menant à la fragmentation de la communauté musulmane.*

Incident de Ghadir Khumm : Références dans les Sources Umari

1.   Sahih Muslim

- **Livre des Vertus des Compagnons, Hadith 2408 :** *Dans ce hadith, le Prophète est rapporté avoir dit lors de l'événement de Ghadir Khumm : « Pour quiconque je suis le Mawla, Ali est également son Mawla. » Ce hadith souligne l'importance de l'Imam Ali dans le leadership de la communauté.*

2.   Musnad Ahmad ibn Hanbal

- **Volume 5, Hadith 19162 :** *Ahmad ibn Hanbal rapporte le discours du Prophète à Ghadir Khumm, où il proclame Ali comme*

Mawla des croyants. Ce hadith est souvent cité pour montrer la continuité de l'autorité spirituelle d'Ali après le Prophète.

3. Al-Mustadrak ala al-Sahihayn d'Al-Hakim al-Nishaburi

- *Volume 3, Pages 109-110 : Al-Hakim al-Nishaburi inclut dans son recueil un hadith du Prophète où il déclare Ali comme Mawla à Ghadir Khumm. Al-Hakim certifie ce hadith comme sahih (authentique) selon les critères de Bukhari et Muslim.*

4. Tafsir al-Tabari (Jami' al-Bayan fi Ta'wil al-Quran)

- *Volume 6, Pages 186-188 : Dans son exégèse de certains versets, Tabari fait référence à Ghadir Khumm et relate le discours du Prophète désignant Ali comme son successeur.*

5. Sunan an-Nasa'i (Al-Khasa'is al-Kubra)

- *Hadith 96 : Ce recueil contient un hadith relatant l'incident de Ghadir Khumm, où le Prophète désigne Ali comme Mawla des croyants, consolidant sa position au sein de la Ummah.*

6. Tafsir Ibn Kathir

- ***Volume 4, Page 113 :*** *Ibn Kathir fait référence à l'incident de Ghadir Khumm, documentant la déclaration du Prophète concernant la tutelle (wilayah) de l'Imam Ali. Bien que ce tafsir soit parfois interprété davantage dans une dimension spirituelle que politique, il reconnaît néanmoins la proclamation faite à Ghadir Khumm, affirmant l'importance de la déclaration du Prophète à l'égard de l'Imam Ali.*

Ces sources, même au sein de la tradition Umari, fournissent des récits concordants de l'événement de Ghadir Khumm, confirmant le rôle central d'Ali en tant que successeur désigné du Prophète. Ces références servent de témoignages supplémentaires de l'importance théologique et historique de Ghadir Khumm, bien que l'interprétation de ce rôle ait varié au fil du temps.

Conclusion

L'incident de Ghadir Khumm représente un moment décisif dans l'histoire islamique, marquant l'intention explicite du Prophète pour la succession et la continuité de la guidance divine après son départ. En déclarant publiquement : « Pour quiconque je suis le Mawla, Ali est son Mawla », le Prophète a établi un cadre de leadership fondé sur la pureté spirituelle et un engagement inébranlable envers les principes islamiques. Cette proclamation fut renforcée par le verset coranique : « Aujourd'hui, J'ai parachevé pour vous votre religion et accompli sur vous Mon bienfait ; et J'agrée l'Islam comme religion pour vous » (Al-Ma'idah : 3), signifiant l'achèvement et la perfection divins de l'Islam par la nomination de l'Imam Ali.

Avec Ghadir Khumm, le Prophète avait pour intention d'unifier la Ummah sous un leadership divinement désigné, visant à protéger le message universel de l'Islam. Cependant, en nous rapprochant des derniers jours de la vie du Prophète, les événements qui se déroulent révèlent une profonde divergence par rapport à ce cadre universel. La gestion de l'héritage du Prophète, en particulier dans ses dernières heures, a posé les bases des divisions sectaires qui redéfiniraient le cours de l'histoire islamique. Ce décalage souligne la tension entre la vision du Prophète pour une Ummah unifiée et guidée, et les défis issus des interprétations et ambitions concurrentes, qui conduisirent finalement à la fragmentation de la communauté.

En examinant les derniers jours du Prophète, nous abordons une étape critique où l'universalisme, tel qu'envisagé à Ghadir Khumm, se heurte aux tendances sectaires émergentes. Ce contraste prépare le terrain pour comprendre l'impact durable de la vie du Prophète, de son message, et des décisions cruciales qui ont suivi son départ.

Aperçu des Dernières Heures de la Vie du Prophète

1. La Dernière Maladie du Prophète et Appel aux Compagnons :

- *Au cours de ses derniers jours, l'état de santé du Prophète s'est considérablement détérioré. Conscient de la gravité de sa maladie, il passa la majorité de son temps dans la maison de son épouse Aisha, où plusieurs compagnons importants lui rendaient fréquemment visite.*

- *Le Prophète aurait fait plusieurs demandes pour que ses proches compagnons se rassemblent autour de lui, signalant l'importance de ses derniers messages et laissant entendre qu'il souhaitait aborder la question de la succession et de la guidance. Ses paroles durant cette période insistaient sur la préservation de l'unité de la Ummah et l'adhésion stricte à la guidance divine.*

2. L'Événement du Stylet et du Papier

- *L'un des incidents les plus débattus de l'histoire islamique survint lorsque le Prophète demanda un stylet et du papier pour écrire une déclaration qui, selon lui, empêcherait la Ummah de s'égarer après sa mort. Cet événement, connu sous le nom de la "Calamité* du Jeudi," est marqué par une grande controverse.

- o *La requête du Prophète rencontra des objections, notamment de la part de Umar, qui aurait déclaré que la maladie affectait le jugement du Prophète, en disant : « Le Livre d'Allah nous suffit. » Cette déclaration provoqua une division parmi ceux qui étaient présents : certains soutenant la demande du Prophète et d'autres s'y opposant. La tension résultante poussa le Prophète à les congédier sans finaliser son message.*

- o *Ce moment est considéré comme crucial, de nombreux savants l'interprétant comme une occasion manquée d'établir une succession claire, menant en fin de compte à une division durable au sein de la Ummah.*

3. Dernières Instructions du Prophète sur la Prière et le Traitement des Ansar :

- *Dans ses dernières heures, le Prophète mit l'accent sur l'importance de la prière, rappelant à la Ummah sa centralité dans la foi. Il donna également des instructions spécifiques concernant le traitement des Ansar, ceux qui l'avaient soutenu, ainsi que les*

Muhajirun (Émigrés), depuis les premiers jours de l'Islam.

- *Ses déclarations à ces moments reflétaient ses préoccupations pour l'unité et le bien-être futur de la Ummah, ainsi que son désir de voir les liens entre les différents groupes préservés et renforcés.*

4. Derniers Moments et Décès du Prophète :

- *Les derniers instants du Prophète furent marqués par un état de faiblesse, durant lequel il murmura des paroles finales, comprenant une prière ou une invocation, parfois décrite comme « Ô Allah, avec les compagnons les plus élevés. »*

- *Son décès marqua la fin de sa direction directe, laissant un vide qui mena rapidement à des débats sur la succession, avec des factions émergeant pour déterminer qui devait diriger la communauté en son absence.*

5. Réactions Immédiates et l'Assemblée de Saqifah :

- *Après sa mort, la nouvelle se propagea rapidement, et des groupes se réunirent sans tarder à Saqifah pour discuter de la succession. Ce rassemblement devint un moment décisif, alors que différentes opinions émergèrent concernant le leadership légitime de la communauté musulmane.*

- *Tandis qu'Ali et d'autres proches membres de la famille se consacraient aux rites funéraires, les discussions à Saqifah aboutirent à la sélection d'Abu Bakr comme premier calife, établissant un précédent pour la succession qui allait façonner l'avenir de la gouvernance islamique.*

Prévention du Dernier Testament du Prophète pour Désigner Ali :

Sahih al-Bukhari (Volume 1, Livre 3, Hadith 114) : *Dans cette narration, le Prophète a demandé du matériel pour écrire afin d'empêcher la Ummah de s'égarer, mais il a été confronté à des objections, principalement de la part de Umar, qui aurait déclaré : « Le Livre d'Allah nous suffit. » Ce désaccord a empêché le Prophète de rédiger ses dernières instructions, un point de discorde que de nombreux savants considèrent comme ayant visé à clarifier la succession.*

Musnad Ahmad ibn Hanbal (Volume 1, Page 222) *: Ce hadith relate également la demande du Prophète pour du matériel d'écriture et les objections des compagnons présents, ce qui a conduit à une division parmi ceux qui l'entouraient. La version d'Ahmad ibn Hanbal met en lumière la tension* *entourant cette demande, soulignant cet événement comme un moment manqué pour offrir une guidance explicite.*

Conscience de la Proximité du Décès du Prophète en Raison d'un Empoisonnement

***Sahih al-Bukhari (Volume 5, Livre 59, Hadith 713)** : Cette narration aborde les réflexions du Prophète sur le poison qu'il avait ingéré à Khaybar, exprimant qu'il ressentait encore ses effets des années plus tard. La conscience du Prophète de sa mort imminente due à cet empoisonnement est évoquée ici, avec le Prophète déclarant que le poison de Khaybar continuait de l'affecter.*

***Sahih Muslim (Livre 26, Hadith 5430)** : Ce hadith relate également que le Prophète mentionnait ressentir les effets persistants de la viande empoisonnée de Khaybar, suggérant que certains compagnons pouvaient avoir anticipé le moment de son décès.*

Absence des Participants de Saqifah aux Funérailles du Prophète

Tabaqat Ibn Sa'd (Volume 2, Pages 260-263) : *Cette source historique relate le rassemblement à Saqifah alors que la famille du Prophète se préparait pour ses funérailles. Ali, avec les membres proches de la famille du Prophète, se consacrait aux rites funéraires, tandis que certains compagnons influents se réunissaient séparément à Saqifah pour discuter du leadership.*

Tarikh al-Tabari (Volume 3, Pages 198-199) : *Tabari décrit l'assemblée de Saqifah, en précisant que certaines figures, dont Umar et Abu Bakr, ont privilégié les discussions sur la succession plutôt que leur présence aux funérailles du Prophète. Cette absence à un moment aussi critique met en évidence la division initiale concernant les priorités de leadership.*

L'Incident de la Calamité du Jeudi et la Question de l'Empoisonnement

1. ***La Calamité du Jeudi***
   L'incident connu sous le nom de "Calamité du Jeudi" s'est produit lorsque, dans ses derniers jours, le Prophète demanda qu'on lui apporte un stylet et du papier afin de consigner un message qui, selon lui, empêcherait la Ummah de s'égarer après sa mort. Toutefois, cette

demande suscita des objections, particulièrement de la part de Umar, qui aurait déclaré : « Le Livre d'Allah nous suffit. » Ce commentaire, interprété par certains comme un manque de respect, conduisit à une tension entre les compagnons présents. Face à cette opposition, le Prophète renvoya les présents sans rédiger ce qu'il souhaitait transmettre.

Cet événement est devenu l'un des épisodes les plus controversés de l'histoire islamique, avec de nombreux savants affirmant que ce message inachevé aurait pu clarifier la question de la succession. Pour certains, l'incident de la Calamité du Jeudi représente une occasion manquée d'établir une guidance claire, qui aurait pu prévenir les divisions futures au sein de la communauté musulmane.

2. **La Question de l'Empoisonnement**
La question de l'empoisonnement du Prophète, souvent liée à l'incident de Khaybar, a également été un sujet de grande spéculation et de débat. Selon certaines narrations, le Prophète aurait ingéré du poison lors de la conquête de Khaybar, plusieurs années avant son décès. Bien que le Prophète ait survécu à cet empoisonnement initial, certains récits suggèrent qu'il ressentait toujours ses effets dans ses derniers jours.

Toutefois, la plausibilité scientifique de cette théorie est remise en question, car il est peu probable qu'un poison reste actif et létal pendant plusieurs années dans le corps humain. Cette explication de l'empoisonnement pourrait avoir été avancée comme une *tentative de rationaliser la cause de sa mort, ou même de détourner l'attention des circonstances entourant ses derniers moments et la succession.*

Synthèse

L'incident de la Calamité du Jeudi et la question de l'empoisonnement soulèvent des questions importantes sur les derniers jours du Prophète. Ces deux récits, bien que rapportés dans les sources classiques, reflètent des tensions et des divergences qui ont contribué aux divisions de la communauté. La Calamité du Jeudi, en particulier, symbolise le moment où une clarification cruciale concernant la succession fut empêchée, laissant la communauté face à des incertitudes et ouvrant la voie à des interprétations conflictuelles et à des luttes pour le pouvoir après la mort du Prophète.

1. La Calamité du Jeudi : Récit d'Ibn Abbas

- **Contexte :** *Dans ses derniers jours, le Prophète demanda du matériel d'écriture pour dicter un message destiné à guider la Ummah et à l'empêcher de s'égarer après sa mort. Cette demande, rapportée par Ibn Abbas et connue sous le nom de "Calamité du Jeudi" (Hadith al-Raziyya), est documentée dans plusieurs sources umarites.*

- **Hadith d'Ibn Abbas :**

  - **Sahih al-Bukhari (Volume 1, Livre 3, Hadith 114) :** *Dans cette narration, Ibn*

Abbas rapporte que le Prophète a demandé du matériel d'écriture, mais Umar s'y est opposé, suggérant : « Le Livre d'Allah nous suffit. » Cette objection a provoqué une division parmi ceux présents, ce qui a finalement entraîné le refus de la demande du Prophète.

- o ***Musnad Ahmad ibn Hanbal (Volume 1, Page 222) :*** *Dans la narration d'Ahmad, Ibn Abbas est profondément affligé par cet incident, le qualifiant de calamité qui a empêché le Prophète de formuler clairement ses dernières volontés pour la Ummah.*

Cet incident marque un moment critique où l'intention du Prophète de clarifier la succession—beaucoup pensent qu'il souhaitait affirmer l'Imam Ali comme son successeur—a été laissée inachevée en raison de l'intervention, entraînant une ambiguïté et, plus tard, des divisions au sein de la Ummah.

2. Affirmation de la Mort par Empoisonnement à Khaybar

- ***Version Sunnite :*** *De nombreuses sources umarites soutiennent que le décès du Prophète serait dû à la viande empoisonnée qu'il aurait ingérée lors de la bataille de Khaybar, trois ans auparavant. Selon ces récits, le Prophète aurait mentionné ressentir les effets persistants du poison à mesure que sa santé déclinait.*

Narrations Principales :

- ***Sahih al-Bukhari (Volume 5, Livre 59, Hadith 713)*** *: Ce hadith rapporte que le Prophète a réfléchi aux effets du poison de Khaybar, suggérant qu'il l'affectait encore.*

- ***Sahih Muslim (Livre 26, Hadith 5430)*** *: La narration de Muslim mentionne également le Prophète parlant de la viande empoisonnée de Khaybar, indiquant qu'elle influait sur sa santé dans ses derniers jours.*

3. Perspective Scientifique sur les Effets du Poison

Implausibilité Biologique *: D'un point de vue scientifique, il est improbable qu'un poison ingéré trois ans auparavant reste actif dans le corps et cause la mort si longtemps après. En général, les poisons agissent en quelques heures ou jours, étant soit absorbés, expulsés, soit métabolisés par l'organisme. Cette perspective remet en question la narration attribuant le décès du Prophète à l'incident de Khaybar, car aucun poison connu ne resterait dans le système durant des années sans provoquer des effets mortels immédiats.*

***Interprétation Alternative** : Compte tenu de ces limitations biologiques, il est possible que le décès du Prophète soit dû à un empoisonnement plus récent, potentiellement connu de certains compagnons. L'attribution à l'incident de Khaybar pourrait avoir été une narration élaborée pour détourner la responsabilité de certaines personnes quant au décès du Prophète, particulièrement à la lumière des préoccupations de succession et de l'incident de la "Calamité du Jeudi".*

Conclusion et Transition vers l'Islam Post-Prophétique :

Les derniers jours du Prophète représentent un moment charnière où les instructions explicites sur la succession sont restées non consignées en raison de l'intervention de certains compagnons. Cet incident, associé au rassemblement à Saqifah durant les funérailles du Prophète, a posé les bases des divisions qui allaient influencer la trajectoire de l'Islam. Les événements de ces derniers jours soulignent un glissement par rapport à la vision du Prophète, qui envisageait une unité sous un leader divinement désigné, vers des revendications concurrentes et des divisions sectaires qui ont émergé immédiatement après son décès.

Ce tournant décisif marque le début d'une ère de fragmentation, où la communauté musulmane, au lieu de s'unir sous une guidance clairement établie, fut confrontée à des interprétations et des ambitions divergentes qui ont redéfini le paysage de l'Islam dans les générations qui suivirent.

Les Actions d'Abu Bakr et d'Umar et Leur Impact sur la Division au Sein de la Ummah

1. Interdiction de l'Engagement avec la Sunnah du Prophète

- *Source : Sahih al-Bukhari (Volume 9, Livre 92, Hadith 468)*

  - *Description : Il est rapporté qu'Abu Bakr aurait découragé les fidèles d'adhérer aux hadiths, en se concentrant uniquement sur le Coran. Cela s'aligne avec la déclaration d'Umar, « Le Livre d'Allah nous suffit », qui fut appliquée comme approche durant le règne d'Abu Bakr.*

2. Brûlage des Compilations de Hadiths

- *Source : Al-Khallal, Kitab al-Sunnah (Volume 1, Page 53)*

  - *Description : Abu Bakr a ordonné la destruction par le feu des compilations de hadiths en sa possession, par crainte d'éventuelles erreurs ou de l'utilisation inappropriée des paroles du Prophète.*

3. Saisie de Fadak

o *Source : Sahih Muslim (Livre 19, Hadith 4351) et Al-Tabari, Tarikh al-Rusul wal-Muluk (Volume 1, Page 3193)*

- *Description : Après la mort du Prophète, Abu Bakr a rejeté les demandes d'héritage de Fatimah, en saisissant Fadak sur la base de l'affirmation que les prophètes ne laissent pas d'héritage. Cette action a creusé les divisions avec Ahl al-Bayt.*

4. Attaque contre la Maison de Fatimah

o *Source : Al-Baladhuri, Ansab al-Ashraf (Volume 1, Page 586)*

- *Description : Abu Bakr a ordonné à Umar de confronter ceux qui se trouvaient dans la maison de Fatimah, ce qui a entraîné une entrée forcée. Cet incident est cité comme une source majeure de griefs entre les compagnons clés et la famille du Prophète.*

5. Revendication de Droits sur les Biens du Prophète

o *Source : Sunan an-Nasa'i (Volume 5, Livre des Successions, Hadith 3371)*

- *Description : Abu Bakr a assumé le contrôle des biens que le Prophète recevait des croyants, déclenchant des conflits sur la propriété et la gestion légitime de ces biens.*

6. Guerres de Riddah et Assassinat de Malik Ibn Nuwayrah

- ○ *Source : Tabari, Tarikh al-Rusul wal-Muluk (Volume 2, Pages 502-504)*
  - • *Description : Les guerres de Riddah visaient à consolider le contrôle d'Abu Bakr sur les tribus arabes. L'assassinat controversé de Malik Ibn Nuwayrah lors de ces campagnes a intensifié les divisions et les conflits sectaires.*

Dernière Confession d'Abu Bakr : Réflexions sur Ses Décisions

Dans ses derniers instants, il est rapporté qu'Abu Bakr a exprimé des regrets concernant certaines actions spécifiques qu'il aurait souhaité soit éviter, soit gérer différemment :

1. La Confrontation avec la Maison de Fatimah

- ○ *Abu Bakr aurait exprimé des remords concernant l'incident impliquant l'assaut sur la maison de Fatimah. Cet événement, qui aurait provoqué des blessures et des souffrances au sein de la famille du Prophète, est souvent cité comme une source de discorde importante entre les compagnons et Ahl al-Bayt.*

2. L'Interdiction de la Transmission des Hadiths

o *Il est dit qu'Abu Bakr a regretté sa décision d'interdire la transmission et la compilation des hadiths, craignant que cette restriction ait entravé la pleine préservation des enseignements du Prophète.*

3. La Saisie de Fadak

o *Abu Bakr aurait également exprimé des regrets pour avoir refusé à Fatimah l'héritage de Fadak, sur la base de l'argument selon lequel les prophètes ne laissent pas d'héritage. Cette décision, qui a creusé le fossé entre lui et Ahl al-Bayt, est considérée comme un point de tension majeur dans la relation entre les proches du Prophète et les premiers califes.*

4. Le Traitement des Membres d'Ahl al-Bayt

o *Dans ses réflexions finales, il aurait également exprimé des remords pour la manière dont certains membres d'Ahl al-Bayt ont été traités durant son califat, reconnaissant l'impact que cela a eu sur l'unité de la Ummah.*

Ces expressions de regret, si elles sont authentiques, soulignent une prise de conscience tardive de l'ampleur des conséquences de ses décisions. Elles reflètent peut-être une compréhension de la portée de ses choix sur la cohésion et l'harmonie de la communauté musulmane, marquant un moment de réflexion sur son héritage et les divisions qui ont émergé au sein de l'Islam.

Dans ses derniers jours, Abu Bakr aurait exprimé des regrets sur certaines décisions qu'il avait prises durant son califat. Il est rapporté qu'il aurait reconnu des erreurs concernant des actions controversées, telles que la confrontation avec la famille du Prophète et l'assaut sur la maison de Fatimah. Ces réflexions sont considérées comme une tentative de rétrospection de sa part, alors qu'il faisait face aux conséquences de ses choix sur l'unité de la Ummah.

Certains récits indiquent qu'Abu Bakr a mentionné des regrets concernant des mesures telles que l'interdiction de la transmission des hadiths, la saisie de Fadak, et le traitement des membres d'Ahl al-Bayt. En exprimant ses remords, il aurait reconnu l'impact potentiel de ces décisions sur la division de la communauté musulmane, notamment par rapport aux griefs persistants avec la famille du Prophète.

Ces réflexions finales sont souvent interprétées comme une prise de conscience tardive de la portée de ses décisions. Elles soulignent l'importance de ces actions dans l'histoire islamique et leur rôle dans les divisions qui se sont intensifiées après sa mort, marquant un moment de prise de conscience de l'impact de son leadership sur la direction de la Ummah.

Source : Tabaqat Ibn Sa'd (Volume 3, Pages 182-185)

Détails de la Confession : *Abu Bakr aurait exprimé des regrets concernant trois actions spécifiques qu'il souhaitait ne pas avoir entreprises :*

1. **« J'aurais aimé n'avoir rien fait contre la maison de Fatimah, même si elle était scellée pour la guerre. »**

    o *Cette déclaration reflète un regret profond concernant les actions menées contre la maison de Fatimah, reconnaissant les conséquences de cette décision et le dommage causé à la famille du Prophète.*

2. **« J'aurais aimé ne pas avoir brûlé la maison des gens d'al-Silm, et que je l'aie tué directement ou bien laissé partir. »**

    o *Cette action, qu'Abu Bakr a plus tard perçue comme excessive, montre son doute quant aux mesures punitives qu'il avait approuvées. Il semble exprimer des remords pour une dureté qu'il estime désormais inappropriée.*

3. **« J'aurais aimé qu'à Saqifah de Bani Sa'idah, j'aie placé la question du leadership autour du cou de deux hommes : Umar et Abu Ubaydah. »**

- o *Il regrette ici de ne pas avoir laissé Umar ou Abu Ubaydah prendre le leadership à sa place, exprimant des incertitudes sur son rôle dans le coup de Saqifah.*

Cette confession met en lumière les luttes internes auxquelles Abu Bakr faisait face concernant certaines décisions clés. Elle révèle la profondeur de ses remords vis-à-vis d'actions qui ont contribué aux divisions au sein de la Ummah, et une prise de conscience des impacts durables de ses décisions.

Le Rôle et les Actions d'Umar s'Écartant du Message du Prophète

1. Incidents Précoces de Désaccord Durant la Vie du Prophète

- *   **Traité de Hudaybiyyah** : *Lors de la signature du Traité de Hudaybiyyah, un accord de paix entre les musulmans de Médine et les Qurayshites de La Mecque, Umar ibn al-Khattab exprima son mécontentement et son désaccord avec la décision du Prophète de signer ce traité. Umar se demanda publiquement pourquoi les musulmans devaient accepter des conditions perçues comme désavantageuses et s'éloignant de l'objectif de la conquête de La Mecque. Ce traité, bien que difficile à accepter pour certains compagnons, dont Umar, fut cependant* *conclu par le Prophète dans l'intérêt de la paix et de la sécurité pour la communauté musulmane.*

Le Prophète, en acceptant ce traité, montrait une sagesse stratégique en priorisant la stabilité à long terme et l'ouverture vers un avenir pacifique. L'opposition initiale d'Umar, bien qu'exprimant ses préoccupations sincères, mettait en évidence une vision différente de celle du Prophète, illustrant ainsi les premières tensions entre certaines figures influentes et les décisions prophétiques. Le Traité de Hudaybiyyah est souvent cité comme un exemple de la patience et de la clairvoyance du Prophète, en contraste avec les réactions plus impulsives de certains compagnons.

Source : *Sahih al-Bukhari (Volume 3, Livre 50, Hadith 891)*

- o **Description** *: Lors du Traité de Hudaybiyyah, Umar a remis en question la décision du Prophète d'accepter les termes du traité, montrant une première résistance à l'approche diplomatique du Prophète.*

La Calamité du Jeudi :

Source : Sahih al-Bukhari (Volume 1, Livre 3, Hadith 114)

1. **Description :** *La déclaration d'Umar, « Le Livre d'Allah nous suffit », durant les derniers jours du Prophète a empêché la documentation des*

directives que le Prophète voulait laisser. Cette intervention a eu des effets durables sur l'unité de la communauté.

2. Attaque contre la Maison de Fatimah et Menace de la Brûler

Menace de Brûler la Maison et Rassemblement de Bois :

- ○ ***Source :*** *Al-Baladhuri, Ansab al-Ashraf (Volume 1, Page 586) ; Ibn Abi Shaybah, al-Musannaf (Volume 8, Page 572)*

- ○ ***Description*** *: Umar, accompagné de ses partisans, s'approcha de la maison de Fatimah avec du bois, menaçant de la brûler si Ali et ses soutiens ne prêtaient pas allégeance à Abu Bakr. La déclaration présumée d'Umar, « Et alors ! » en réponse à la présence de Fatimah, illustre les mesures sévères prises durant cette période.*

3. Blessure de Fatimah et Fausse-Couche d'Al-Muhsin :

- • ***Source :*** *Ibn Qutaybah, Al-Imamah wa al-Siyasah (Volume 1, Pages 12-13)*

- • ***Description :*** *L'entrée forcée d'Umar dans la maison de Fatimah aurait entraîné des blessures physiques, la pressant entre la porte et le mur et*

*provoquant apparemment la fausse-couche de son fils,
Al-Muhsin.*

- **Poème de Hafiz Ibrahim Louant les Actions d'Umar :**

o *Le poète égyptien Hafiz Ibrahim composa un poème honorant Umar, incluant le vers : « Je brûlerai ta maison et n'en laisserai rien pour toi, si tu ne prêtes pas allégeance, alors qu'Az-Zahraa, la fille du Choisi, est à l'intérieur. »*

4. Changements dans la Gouvernance et les Politiques sous son Leadership

- **Centralisation de l'Autorité et de l'Administration :**

o ***Source*** *: Al-Tabari, Tarikh al-Rusul wal-Muluk (Volume 3, Pages 612-615)*

o ***Description*** *: Les politiques d'Umar mettaient l'accent sur l'autorité centralisée, un changement marqué par rapport à l'approche décentralisée du Prophète, qui allait façonner la gouvernance islamique.*

5. Droits d'Héritage et de Propriété (Saisie de Fadak) :

- ***Source :*** *Sahih Muslim (Livre 19, Hadith 4351)*

- ***Description :*** *Umar a maintenu le refus d'Abu Bakr d'accorder l'héritage de Fadak à Fatimah,* *renforçant une politique qui divergeait des pratiques antérieures du Prophète.*

6. Établissement du Système de Shura pour la Sélection du Leadership

- **Source :** *Al-Baladhuri, Ansab al-Ashraf (Volume 5, Page 17)*

    - *Description : L'établissement par Umar du système de Shura pour choisir son successeur a créé un modèle qui s'éloignait de la lignée de leadership basée sur la famille du Prophète, impactant la cohésion de la communauté.*

7. Réflexions d'Umar dans ses Derniers Moments

Expressions de Regret et de Réflexion :

- **Source 1** *: Tabaqat al-Kubra - Muhammad ibn Sa'd (Volume 3, Page 360)*

- *Umar a exprimé un profond regret à la fin de sa vie, disant : « J'aimerais être ce brin de paille ! J'aurais aimé ne jamais avoir été créé ! J'aurais aimé que ma mère ne m'ait jamais donné naissance ! J'aurais aimé n'être rien ! J'aurais aimé être oublié, une chose perdue ! »*

- ***Source 2 :*** *Kanuz al-'Amal (Volume 12, Page 619)*

- *Dans une autre narration, Umar aurait dit : « J'aimerais être le bélier de ma famille… ils en feraient une partie rôtie, une autre partie salée, puis ils me mangeraient et me rejetteraient en déchet, et je ne serais pas humain… »*

Umar ibn al-Khattab, le deuxième calife de l'Islam, a joué un rôle central dans la direction de la Ummah après la mort du Prophète. Toutefois, certaines de ses actions et décisions ont suscité des controverses, de nombreux savants et historiens estimant qu'elles s'écartaient du message et des directives initiales du Prophète. Voici quelques-unes des principales actions d'Umar qui ont divergé des enseignements du Prophète :

1. ***Objection au Dernier Message du Prophète (La Calamité du Jeudi)***

   o *Lors de l'incident connu sous le nom de « Calamité du Jeudi », le Prophète demanda des matériaux d'écriture pour consigner des instructions finales. Umar, cependant, s'y opposa en déclarant : « Le Livre d'Allah nous suffit. » Cette intervention empêcha le Prophète de clarifier ses dernières volontés, laissant ainsi des ambiguïtés sur la question de la succession et contribuant aux divisions futures au sein de la Ummah.*

2. ***Introduction de Nouvelles Politiques et de Pratiques Différentes***

   o *Durant son califat, Umar a instauré des politiques nouvelles, certaines sans précédent dans la Sunnah du Prophète. Par exemple, il introduisit l'interdiction temporaire de la pratique du « mut'ah » (mariage temporaire) et modifia certains aspects de la prière et de l'héritage, ce qui souleva des questions quant à l'autorité de telles modifications face aux enseignements directs du Prophète.*

3. Centralisation du Pouvoir et Imposition de l'Autorité

- *Umar a renforcé la centralisation du pouvoir, instaurant un système administratif qui donnait une importance accrue aux décisions califales. Bien que cela ait été vu comme une mesure de consolidation, cela s'écartait du modèle consultatif et communautaire du Prophète. Umar établit un contrôle strict sur les interprétations religieuses, rendant difficile la dissidence ou le retour aux pratiques prophétiques sans sa validation.*

4. Relations avec Ahl al-Bayt (la Famille du Prophète)

- *Les relations entre Umar et la famille du Prophète furent souvent tendues. Il est rapporté qu'il s'est opposé à plusieurs reprises aux membres d'Ahl al-Bayt, notamment en ne reconnaissant pas les droits de Fatimah sur Fadak et en limitant l'influence de l'Imam*

Ali dans les décisions politiques. Ces actes ont contribué à creuser le fossé entre les compagnons et la famille du Prophète.

5. Création d'une Nouvelle Sunnah

- o *Umar aurait encouragé ce qu'il appelait la « Sunnah des Compagnons » qui comprenait des pratiques non présentes dans les enseignements du Prophète, créant ainsi une autre base de pratiques dans l'Islam qui venait s'ajouter à la Sunnah prophétique. Cette initiative a été perçue par certains comme une innovation qui divergeait des sources originelles de l'Islam.*

6. Traitement des Peuples Conquis et Imposition du Système de Dhimma

- o *Sous le califat d'Umar, le système de la dhimma (protection des non-musulmans en échange de la jizya, un impôt spécifique) a été renforcé, imposant aux populations conquises des restrictions sociales et religieuses. Bien que le Prophète ait prôné un traitement juste et bienveillant envers les non-musulmans, la politique de jizya d'Umar introduisit des pratiques plus strictes qui contribuèrent à des tensions avec les communautés locales.*

Les actions et décisions d'Umar, bien que parfois motivées par un désir d'organiser la Ummah, ont divergé en plusieurs points des directives laissées par le Prophète. En imposant de nouvelles politiques et en s'écartant de certaines pratiques prophétiques, Umar a contribué à façonner un nouveau cadre politique et religieux qui a eu un impact durable sur l'Islam et la cohésion de la communauté musulmane. Ces changements, perçus par certains comme des innovations, ont introduit des éléments de divergence au sein de l'Islam et ont contribué aux divisions sectaires qui persistent encore aujourd'hui.

Conclusion : Redécouvrir le Véritable Héritage du Prophète à Travers les Distorsions Historiques

En examinant l'histoire islamique, il devient clair que le récit conservé dans les textes largement acceptés s'écarte considérablement des enseignements originels du Prophète. Nombre des récits dans les collections de hadiths—y compris celles de Bukhari, Muslim et Ahmad ibn Hanbal—reflètent une époque postérieure à la mort du Prophète, où la documentation sélective et les omissions ont transformé l'héritage qu'il a laissé. Ces compilations ont été influencées par ceux au pouvoir, dont les actions—interdire la Sunnah, brûler les hadiths, et même punir les narrateurs—servaient leurs intérêts plutôt que l'intégrité du message du Prophète.

La vérité, enfouie sous des couches d'agendas politiques et des siècles de bourses sélectives, parle d'un héritage de répression. Des figures clés comme Abu Bakr et Umar ont orienté l'histoire pour que *les paroles du Prophète soient étouffées,* *assurant que seules certaines interprétations survivraient.* Cela a laissé une compréhension fracturée de l'Islam, marquée par des contradictions et par l'absence de la guidance pure et intacte du Prophète.

Face à cet héritage obscurci, il incombe à chaque chercheur de vérité de **réexaminer ces récits avec un regard critique, de trier ce qui a été permis de subsister et de découvrir ce qui a été délibérément dissimulé.** Le message du Prophète était celui de l'unité, de la pureté et d'une connexion divine sans compromis. En retrouvant ses paroles, nous n'honorons pas seulement son héritage—nous restaurons une vérité fondamentale dans un monde qui, trop longtemps, a souffert de la perte de ses enseignements authentiques.

En somme, ce voyage à travers l'histoire nous oblige à **défier les récits acceptés, à dévoiler les distorsions, et à défendre la vérité non filtrée de l'héritage du Prophète, qui est le véritable Islam.** Ce n'est pas seulement une quête intellectuelle, mais un devoir, essentiel pour réparer les fractures apparues au sein de l'Islam, issues de siècles de demi-vérités et d'omissions.

Prévention du Dernier Testament du Prophète pour Désigner Ali :

L'un des événements les plus controversés de la fin de la vie du Prophète concerne la tentative d'empêcher la rédaction de son dernier testament, dans lequel il aurait voulu désigner l'Imam Ali comme son successeur. Conscient de l'importance de l'unité de la Ummah après sa mort, le Prophète a demandé qu'on lui apporte de quoi écrire afin de laisser un message qui empêcherait la communauté de s'égarer. Cet événement, connu sous le nom de la "Calamité du Jeudi," a pris une tournure décisive lorsqu'une opposition, notamment de la part de Umar, intervint, remettant en question la lucidité du Prophète en raison de sa maladie.

Umar aurait prononcé la phrase : « Le Livre d'Allah nous suffit », insinuant que la demande du Prophète était superflue, ce qui créa une division parmi ceux présents. Certains des compagnons voulaient honorer la requête du Prophète, tandis que d'autres s'y opposaient, ce qui entraîna une tension qui força finalement le Prophète à les renvoyer sans laisser son message final par écrit.

Cet acte de prévention est souvent vu comme une occasion manquée de clarification, laissant la question de la succession ouverte à des interprétations et des divergences. De nombreux savants et commentateurs estiment que cette intervention a contribué de manière significative aux divisions ultérieures au sein de la communauté musulmane, car le testament écrit aurait pu offrir une transition claire du leadership vers Ali, évitant ainsi les disputes qui suivirent immédiatement après la mort du Prophète.

Absence des Participants de Saqifah aux Funérailles du Prophète

L'un des événements les plus marquants dans les heures suivant le décès du Prophète est l'absence des principaux participants de l'assemblée de Saqifah aux rites funéraires du Prophète. Alors que sa famille proche, dont l'Imam Ali et les membres d'Ahl al-

Bayt, se dévouaient à ses derniers rites et à son enterrement, des compagnons influents se réunissaient à Saqifah pour discuter de la succession.

Cette absence suscite de nombreuses questions sur les priorités de certains de ses proches compagnons, car le moment choisi pour aborder la question de la succession détourna leur présence des funérailles de celui qu'ils suivaient depuis des années. La réunion à Saqifah, qui conduisit à l'élection d'Abu Bakr comme premier calife, se déroula alors même que le Prophète n'avait pas encore été inhumé, ce qui accentua les divisions et donna naissance à un précédent pour les discussions politiques autour du leadership.

Pour beaucoup, cette situation symbolise une rupture significative avec le respect et la loyauté attendus à l'égard du Prophète dans ses derniers moments. Le fait que des décisions politiques furent favorisées au détriment de l'accompagnement du Prophète dans ses derniers instants ajoute une dimension controversée à cette période critique de l'histoire islamique, influençant profondément l'avenir de la communauté musulmane.

Les Différences Entre Deux Époques

1. Leadership Guidé par la Volonté Divine vs. Gouvernance Centrée sur l'Homme :

a) Sous le Prophète, le leadership était perçu comme désigné par la volonté divine, avec des plans de succession clairs centrés sur l'Imam Ali et Ahl al-Bayt. Cette structure préservait l'unité de la Ummah, offrant un leadership ancré dans la pureté et la connaissance coranique.

b) Le leadership post-prophétique, en revanche, introduisit le système de Shura et des décisions prises par des conseils, menant à un système où la succession était déterminée par consultation plutôt que par désignation divine, fragmentant ainsi le message universel d'origine.

2. Inclusion d'Ahl al-Bayt vs. Marginalisation :

a) Durant la vie du Prophète, Ahl al-Bayt occupait une position centrale, mise en avant par Ayat al-Tathir, qui soulignait leur pureté et leur rôle dans la préservation du message islamique.

b) Après le Prophète, des politiques d'exclusion et d'opposition contre Ahl al-Bayt devinrent dominantes. Des incidents comme l'attaque contre la maison de Fatimah et le refus de l'héritage de Fadak marginalisèrent Ahl al-Bayt, écartant effectivement ceux que le Prophète avait destinés au leadership.

3. Unité par la Guidance Spirituelle et Sociale vs. Division Sectaire :

a) L'universalisme du Prophète visait à unifier les peuples au-delà des frontières ethniques et sociales, en mettant l'accent sur la responsabilité collective et le suivi à la fois du Coran et de la Sunnah.

b) La période post-prophétique introduisit des divisions, centrées sur l'autorité politique, l'expansion territoriale et des politiques qui privilégiaient la centralisation au détriment de l'unité. Cette époque fut marquée par l'imposition des Guerres d'Apostasie (Guerres de Riddah) et de taxes comme la jizya, qui divisèrent les communautés, créant des fractures sociales et économiques.

Conclusion : L'Islam Entre Universalisme et Sectarisme

L'Islam, tel qu'établi par le Prophète Muhammad, représentait un message unifié et universel centré sur l'unicité de Dieu, la prophétie et l'Imamat — culminant dans un cadre divin destiné à guider l'humanité vers l'unité, la justice et l'épanouissement spirituel. Durant la vie du Prophète, son leadership reflétait un mandat céleste qui mettait l'accent sur l'inclusivité, la guidance divine et un lien familial au sein de la Ummah. Ce message était orienté par une lignée claire, le Prophète ayant désigné l'Imam Ali à Ghadir Khumm, établissant ainsi un modèle de gouvernance islamique universel fondé sur la pureté et la connaissance divine.

Cependant, la période suivant le décès du Prophète marque un changement distinct par rapport à cette vision initiale, alors que les premiers compagnons, dirigés par des figures comme Abu Bakr et Umar, mirent en place des politiques et des pratiques divergentes des directives du Prophète. Ces dirigeants consolidèrent l'autorité par des modèles de décision humaine, priorisant la centralisation, l'allégeance et le contrôle politique, comme en témoigne l'assemblée de Saqifah, où l'allégeance fut consolidée par des moyens coercitifs et des modèles alternatifs de succession furent introduits. Les actions entreprises contre Ahl al-Bayt — incluant la saisie de Fadak, l'attaque contre la maison de Fatimah, et l'accent mis sur la suffisance du Coran par rapport à la Sunnah — soulignent la transition marquée d'une autorité dirigée divinement vers une autorité centrée sur l'homme, reflétant ainsi l'émergence du sectarisme.

L'Impact Durable sur l'Islam

Le modèle du Prophète représentait la mission universelle de l'Islam, avec l'intention divine d'établir une foi indivisible. Son leadership cherchait à transcender les différences, mettant l'accent sur l'unicité de Dieu, l'unité au sein de la Ummah et une lignée divinement désignée pour protéger la foi. Cependant, l'ère qui suivit introduisit le sectarisme, marquant un éloignement par rapport au modèle initial. Le leadership passa d'une mission unifiée et céleste à un système caractérisé par des manœuvres politiques, aboutissant à des interprétations diverses, des sectes et, finalement, à une identité islamique fragmentée.

Cette thèse a mis en évidence les effets de chaque époque sur l'intégrité de l'Islam en tant que message céleste. Le modèle du Prophète insistait sur des valeurs universelles de guidance et d'unité, tandis que les actions qui suivirent sa mort introduisirent une dimension politique, fragmentant la Ummah. Aujourd'hui, le défi demeure de réconcilier les principes universels de l'Islam avec les divisions sectaires ancrées dans cette divergence historique.

À Propos de L'Auteur :

Le Professeur S. Norman G. se distingue comme une figure éminente dans le domaine de la pensée critique, en particulier par ses compétences analytiques aigües, son observation perspicace et l'art de poser des questions essentielles. Grâce à son talent, il excelle dans l'extraction et le développement de techniques pour créer des solutions objectives, précises et possibles, évitant une dépendance excessive aux émotions et se tenant à l'écart de la perception sélective ou des biais inconscients.

Il est professeur de littérature, de sciences et d'académie, un débatteur actif et engageant, ainsi qu'un expert en linguistique arabe, morphologie, grammaire, sciences religieuses, philosophie et logique. Ses contributions intellectuelles, littéraires et doctrinales brillent, fusionnant toutes les sciences sous la bannière de la pensée critique, qui est impartiale, juste et sans préjugés. Cette approche simplifie la compréhension des sujets qu'il présente avec passion et dévouement, promouvant la pensée critique et explorant les intersections complexes entre la raison et les systèmes de croyance religieuse, en particulier dans les diverses branches des croyances islamiques.

Le Professeur S. Norman G. détient un diplôme avancé en communication sociale avec une spécialisation en « Pensée critique ». Son intelligence aiguisée est perfectionnée grâce à des études académiques extensives et rigoureuses, ainsi qu'à des recherches approfondies dans divers domaines spécialisés.

Dans ce livre, le Professeur Norman G. se concentre sur les spécialistes de la science du désaccord ou de la jurisprudence *comparative entre les soi-disant sectes islamiques. Son objectif est de comprendre les opinions divergentes des érudits et d'apprécier leurs approches de la jurisprudence islamique tout en tirant parti des expériences des autres pour arriver finalement à ce qu'Allah Tout-Puissant désire — pas seulement à ce qui est plus proche de ce qu'Allah avait prévu.*

Pour ceux qui ne savent pas ce qu'Allah désire, ils peuvent accuser Allah et Son Messager de négligence, s'appuyant sur autre chose que les Gens du Rappel (Ahl al-Bayt), que Allah a purifiés et nettoyés en profondeur. Sans une compréhension adéquate, ils ne se rapprocheront jamais d'Allah.

Ce principe inviolable, protégé par l'infaillibilité d'Allah, est le fondement de ceux qui recherchent la guidance d'Allah. Le Professeur G. s'appuie sur cela pour construire, coordonner et affiner des récits scientifiques et rationnels avec des analyses solides et convaincantes. À travers cet effort, il parvient à des conclusions définitives soutenues par des preuves convaincantes.

Le corpus d'œuvres du Professeur S. Norman G. se compose de deux contributions principales qui ont reçu une large acceptation et des éloges. Dans sa première recherche révolutionnaire, « Ruminating The Past Corrupts Reflection », le Professeur G. aborde les pièges de la dépendance à la transmission dans la recherche, exposant son impact négatif sur la pensée, la compréhension et la prise de décision indépendante.

Dans sa deuxième étude approfondie, « Companionship in the Qur'an », il met en lumière les significations profondes et les connexions de l'amour, de l'amitié et de la fraternité trouvées dans le Qur'an et d'autres textes sacrés, offrant des aperçus complexes sur l'essence de ces concepts à travers les versets du Qur'an.

Poussé par un fort désir de surmonter les barrières linguistiques et d'atteindre un public diversifié de différentes langues et cultures, le Professeur S. Norman G. a publié ses œuvres en trois langues jusqu'à présent : arabe, anglais et français. Bientôt, si Dieu le veut, en espagnol. Son engagement envers l'inclusivité souligne son dévouement à favoriser le dialogue mondial, l'échange culturel et la compréhension partagée.

Le Professeur S. Norman G. continue son parcours avec une curiosité insatiable, avançant dans ses efforts intellectuels, littéraires et scientifiques avec une détermination indéfectible. Ses écrits pulsant d'amour, de sincérité et d'un engagement à guider les autres vers ce qui est le plus droit. Ce livre, **« Guidé par la lumière : Entre compréhension et rite ! »**, présente des aperçus évolués et profondément ancrés dans la sagesse éternelle et durable du Glorieux Qur'an.

Le Professeur G. persévère dans son cheminement de connaissance et de foi, laissant une empreinte indélébile sur les domaines académique, littéraire et religieux. Il offre constamment de nouvelles perspectives, encourageant et motivant les lecteurs à s'engager dans un examen constructif et critique de leurs croyances et des opinions de leurs érudits. Il promeut la curiosité intellectuelle, l'ouverture aux autres et un engagement sérieux à respecter les croyances diverses.

Nous demandons vos prières !